AF450442

PSYCHOLOGIE TRANSFORMISTE

PAR

M. LE CAPITAINE BOURGÈS

PSYCHOLOGIE TRANSFORMISTE

ÉVOLUTION DE L'INTELLIGENCE

PAR

M. le Capitaine BOURGÈS

avec une Préface de Sophie ROSEN (DUFAURE)

MÉMOIRE LU A LA SOCIÉTÉ D'ANTHROPOLOGIE

DE PARIS

PRIX : **50** CENTIMES

PARIS

LIBRAIRIE DES ÉTUDES PSYCHOLOGIQUES
5, Rue des Petits-Champs, 5

LIBRAIRIE AUGUSTE GHIO, ÉDITEUR
Palais-Royal, 1, 3, 7 (galerie d'Orléans)

1884

PRÉFACE

La science humaine serait une bien pauvre chose, un élément singulièrement stérile, si elle ne s'employait à jeter quelque lumière sur le point qui, tout en demeurant encore obscur, doit le plus nous intéresser.

Ce point, existant et palpitant pour nous tous, — bien que chacun ne s'en préoccupe pas avec la même sollicitude intense, — est la conclusion que peuvent offrir les lois universelles aux recherches de notre esprit sur nos propres destinées.

Que voulons-nous savoir, en effet, lorsque, anxieusement plongés dans l'examen des évolutions naturelles, nous interrogeons les arcanes de l'infini ?

Voici : nous demandons à la marche occulte des êtres la clef de notre vie actuelle. Nous tendons à surprendre le secret des existences que nous sentons avoir parcourues et de celles que nous croyons devoir atteindre dans l'avenir ; car, instinctivement, nous avons horreur du néant. Les investigations modernes, dans une foule de sphères nouvelles, ont élargi nos conceptions sur notre essence intime ; relié solidairement les trois phases de la durée et fait de l'individu l'anneau d'une chaine universelle qui va se perpétuant sous mille transformations, des éléments les plus infimes à la Synthèse suprême dont toute âme reconnaît la réalité lumineuse.

Elles sont encore vagues, incomplètes et mystérieuses, ces lueurs échappées de profondeurs innommées ; et, pourtant, elles rayonnent déjà comme une auréole d'espérance au-dessus de nos fronts soucieux. On y sent la vérité s'agiter sous des voiles de plus en plus diaphanes....

Courage, chercheurs intrépides! Montrez-nous la filiation grande et simple d'où nous sommes issus; les sommets que nous devons gravir par de persévérants efforts à la conquête du bien. Prouvez-nous que, d'accord avec une parole saisissante (1) : « Le berceau n'est pas « un vrai commencement ni la tombe une vraie fin. » Faites que bientôt, éclairée par vos vaillants travaux, l'Humanité, se sentant enfin créée pour l'éternité de la vie progressive, reprenne conscience de sa dignité, par conséquent, de sa responsabilité. Alors elle comprendra ce qu'elle se doit; ce qu'attendent de l'homme les règnes inférieurs, et ce que font pour ce monde, ces frères dont le précieux temps s'écoule à l'instruire pour le consoler, à le rendre meilleur pour le faire plus heureux !...

Sophie ROSEN (DUFAURE).

Paris, mai 1884.

---

(1) De M. Ernest Vaville.

INTRODUCTION

En commençant la publication de nos articles sur le Transformisme, nous croyons devoir en expliquer le but et l'utilité.

Nous avons pensé que notre travail pouvait compléter les données du Transformisme moderne, à l'aide des lueurs que jette sur la question la science psychologique dont le renouveau semble poindre de nos jours. Nous considérons aussi que ces études doivent non seulement nous éclairer sur nos destinées, mais encore venir en aide à la science positive externe. Cette science, ne voyant que le côté matériel, ne peut tout concevoir, et resterait incomplète, conséquemment inexacte, si elle n'était soutenue par la science psychologique.

C'est en lisant les œuvres d'Allan Kardec que l'idée nous est venue de faire des recherches sur l'origine de l'âme. D'après l'enseignement de certains esprits, l'âme commencerait son évolution dans les plus bas degrés de la création, et la continuerait, toujours en progressant, jusqu'aux mondes divins. C'est pourquoi nous pourrions dire que, dans tout être vivant, l'âme est soumise à un développement continu, et que, parvenue à l'homme, elle possède déjà une histoire individuelle de son évolution.

La psychologie comparée nous montre d'ailleurs, chez l'homme comme chez l'animal, une longue échelle des divers degrés de développement et, dans chaque homme comme dans chaque animal, l'âme soumise à une lente transformation. C'est là un fait psychologique d'une grande importance qui peut nous mettre sur la voie des modifications et des variabilités que Darwin signale dans la structure animale. L'intelligence et les organes se développent par degrés insensibles dans chaque existence. Ces degrés ont pour cause l'adjonction, pendant la vie, de parcelles intelligentes s'agrégeant par la loi d'affinité. C'est en quelque sorte, comme nous l'avons dit, l'histoire de l'évolution de l'esprit.

Notre système s'appuie sur l'enseignement même des Esprits chargés d'établir la doctrine spirite. Voici quelques passages du livre des Esprits, n°s 606 et suivants, que nous soumettons à l'appréciation de nos lecteurs, pour leur montrer que notre théorie n'est pas simplement une hypothèse. Elle pourrait paraître fantaisiste aux yeux des positivistes, mais les spirites qui ont lu les ouvrages du Maître reconnaissent généralement à l'homme une origine animale.

« Les animaux puisent le principe intelligent qui constitue l'espèce d'âme dont ils sont doués dans l'élément intelligent universel. L'intelligence de l'homme et celle des animaux émanerait donc d'un même principe.

« L'esprit accomplirait ses premières phases dans

une série d'existences qui précèdent la période de l'humanité. L'âme aurait été le principe intelligent des êtres inférieurs de la création, et c'est dans ces êtres, que nous sommes loin de connaître tous, que le principe intelligent s'élabore, s'individualise et s'essaye à la vie. C'est en quelque sorte un travail préparatoire à la suite duquel le principe intelligent subit une transformation et devient *Esprit*. C'est alors que commence pour lui la période de l'humanité, et avec elle la conscience de son avenir, la distinction du bien et du mal, et la responsabilité de ses actes.

« Après la mort, l'animal conserve son individualité ; son esprit est classé par les esprits que cela concerne et presque aussitôt utilisé. Il n'a pas le loisir de se mettre en rapport avec d'autres créatures, ni le choix de s'incarner dans un animal plutôt que dans un autre ; il doit suivre la loi du progrès (1). »

Voilà certes du transformisme. Avant même que l'ouvrage de Darwin, sur l'origine des espèces, ne fut traduit en français, nos guides spirituels nous donnaient la marche à suivre pour découvrir dans la création les secrets qui s'y trouvent cachés.

Ils nous font entrevoir toutes les joies intimes que l'on goûte dans l'étude de la nature ; admirer les richesses fossiles d'animaux et de végétaux que

____

(1) Comme on le verra plus loin, nous ajoutons certaines données à ces vues.

l'on distingue dans les couches de l'écorce terrestre, et ils sont heureux quand ils nous voient
suivre leurs bonnes inspirations. Pourtant, les
âmes des êtres organisés qui ont vécu aux diverses
époques géologiques, où sont-elles? Nous trou-
vons bien leurs débris matériels, mais qu'est devenu l'esprit?... Il s'est réincarné.

La matière animée n'est unie à l'âme que pour
un temps; à la mort elle s'en sépare. L'esprit
monte ainsi l'échelle du progrès par des incarnations successives, accomplissant son évolution en
passant par toute la série animale, et après des
millions de siècles il vient faire son apparition
dans l'humanité. Selon ces données, l'âme s'édifie
graduellement par l'adjonction progressive d'éléments spirituels à travers ses diverses incarnations.
Comme c'est précisément la totalité de ces valeurs
qui en s'unissant dans une intime harmonie constitue le *moi* conscient, une fois parvenu à l'humanité, nous pensons que notre hypothèse est légitime
pour amener l'esprit à la perfection.

Quand les anthropoïdes, le gibbon, l'orang, le
gorille et le chimpanzé eurent atteint le dernier
degré de l'animalité, et qu'il n'y eût dans leur
espèce aucun autre progrès à accomplir, ces âmes
rudimentaires, en quittant leur corps, furent di-
rigées vers une nouvelle incarnation. En naissant
de nouveau chez nos ancêtres, ces anthropoïdes
prirent une forme perfectionnée se rapprochant de
celle de l'homme dont ils furent les précurseurs.

Voici l'homme primitif de l'époque Chelléenne,
contemporain du Mammouth. Il a le front bas,

la tête dolicocéphale et porte tous les caractères simiens. Cette époque, base des quaternaires, se distingue par les instruments grossiers dont se servaient les premiers hommes (1). Nous traversons la longue époque glaciaire du Moustier qui a eu près de cent mille ans de durée et dont quelques glaciers existent encore. Nous trouvons l'homme en lutte avec le grand ours des cavernes pour chercher un asile et se préserver du froid. L'époque suivante de Solutrée fut celle du Mammouth et du Renne ; celle de la Magdaleine fut aussi presque en totalité celle du Renne. C'est pendant cette longue période de deux cent mille ans que l'homme fait son progrès évolutif. Son organisme change et s'améliore, son cerveau se développe en formant des circonvolutions nouvelles — et, en vertu de la loi d'affinité, il attire à lui un nombre de parcelles psychiques proportionnel à son prochain degré d'élévation.

Lorsque Allan Kardec fit son voyage spirite en 1862, il vint nous visiter à Provins, où nous étions en garnison ; nous eûmes la satisfaction de garder le Maître quelques jours auprès de nous. Dans ses conversations, il ne nous cacha pas notre origine animale, et nous parla du progrès que devait faire l'esprit pour arriver à la perfection. Il nous recommanda surtout d'approfondir toutes les branches de la science, nous

---

(1) Cette époque si lointaine ne compte pas moins de deux cent mille ans jusqu'à nos jours.

assurant que nous nous élèverions par elle, et que nous trouverions dans le livre des Esprits les éléments pour tout connaître et tout embrasser.

Aussi, en 1868, nous lui rendions compte de la marche de nos travaux et de la découverte que nous avions cru faire dans l'étude des œuvres de Darwin. C'était l'évolution de l'esprit telle que nous l'exposons aujourd'hui. Ce n'est que depuis 1876 que nous avons pu faire, à Paris, une étude plus approfondie du transformisme psychologique,

On le voit, pour les vrais spirites, pour ceux qui ont lu les œuvres du Maître, notre système philosophique n'a rien qui doive surprendre et qui soit contraire aux principes de la doctrine que les esprits nous enseignent. A nous, spirites, à l'étendre de plus en plus, à la développer. Le transformisme, qui n'est qu'une réincarnation continue, est donc une branche du spiritisme, et la science, qui se désintéresse en ce moment de nos doctrines, sera amenée à la vérité par l'explication rationnelle du phénomène. Du reste, parmi les cinq à six cents membres de la société d'anthropologie, un grand nombre admettent notre origine simienne. Ils trouvent qu'il n'y a rien dans cette parenté qui doive humilier l'homme. D'ailleurs la plupart ne croyant pas à l'immortalité de l'âme, se soucient peu de cette descendance. Mais lorsqu'ils auront reconnu l'évolution de l'esprit, ils seront moins récalcitrants que certains spirites qui refusent de parti pris de se rendre à l'évidence.

N'oublions pas cependant que nous serons

obligés de revenir sur la terre pour apprendre ce que nous aurons négligé d'étudier. L'esprit pour la plupart de nous est comme entouré d'un verre dépoli que la lumière ne peut traverser ; mais lorsque notre intelligence aura acquis tout son développement, qu'elle sera affranchie des préjugés de l'orgueil et de l'ignorance, alors elle pourra voir clairement dans l'œuvre de Dieu.

Capitaine Bourgès.

TABLEAU DE LA CLASSIFICATION
DE M. GABRIEL DE MORTILLET
SUIVIE DANS LE MUSÉE PRÉHISTORIQUE DE St-GERMAIN

TEMPS.			AGES.	PÉRIODES.	ÉPOQUES.	DURÉE.
Actuels.	Historiques.		Du Fer.	Mérovingienne	Wabenienne, Franque, Burgonde, Germanique.	Environ 15,000
	Protohistoriques.			Romaine.	Champdolienne, Décadence romaine.	
					Lugdunienne, Beau temps romain.	
				Galatienne.	Marnienne, Gauloise, 3e Lacustre.	
					Hallstattienne, des Tumulus, 1re du Fer.	
			Du Bronze.	Bohémienne.	Larnaudienne, du Marteleur, 2e Lacustre en majeure partie.	
					Morgienne, du Fondeur, 2e Lacustre partie.	
Géologiques.	Quaternaires.	Préhistoriques.	De la Pierre.	Néolithique, Pierre polie.	Robenhausienne, 1re Lacustre, des Dolmens.	
				Paléolithique, Pierre taillée.	Magdalénienne, des Cavernes en majeure partie, du Renne en presque totalité.	36,000
					Solutréenne, du Renne et du Mammouth partie.	8,000
					Moustérienne, du Grand Ours des cavernes.	100,000
					Chelléenne, Acheuléenne, du Mammouth partie, de l'Eléphant antique.	78,000
	Tertiaires.			Éolithique, Pierre éclatée.	Ottaienne, Tortonienne.	237,000 ans.
					Thenaisienne, Aquitanienne.	

PSYCHOLOGIE TRANSFORMISTE

ÉVOLUTION DE L'INTELLIGENCE

CHAPITRE Ier.

Nous présentons comme hypothèse le concept qui nous paraît résulter de l'accord de la science moderne avec les données de l'ancienne philosophie spiritualiste qui tend à renaître ; accord assurément désirable, par la raison qu'il est appelé à combler la lacune existant dans les doctrines les plus récentes, surtout celle de l'évolution.

L'hypothèse que nous exposons nous paraît légitime, parce qu'elle imprime au principe spirituel, passant par toute la série animale, un mouvement ascensionnel, un progrès continu qui l'élève à mesure que son évolution s'accomplit. Il y aurait donc un parallélisme évolutif de l'esprit et de la matière, c'est ce que nous essaierons de démontrer.

Nous sommes actuellement en présence de

trois théories, pour expliquer la conception philosophique de l'univers :

1° La théorié de la descendance ou *transformisme*, de Lamark, qui l'a établie en 1809. D'après ce savant, la transformation des espèces aurait lieu depuis la monère jusqu'à l'homme par une hérédité de formes transmises par les ancêtres. Les organismes complexes dériveraient d'organismes simples, et les animaux polycellulaires descendraient d'êtres unicellulaires. Cette théorie, à notre sens, est rationnelle, et c'est celle que nous suivrons, en démontrant toutefois que c'est le principe intelligent qui produit cette transformation.

La dénomination de principe intelligent, spirituel ou psychique, étant pour nous synonyme, ainsi que celle d'âme ou esprit, nous emploierons ces termes indistinctement.

2° La théorie de la *sélection*, de Darwin, démontre que presque toutes les espèces organiques résultent de la sélection : sélection naturelle, sélection artificielle. Cette dernière s'accomplirait par la volonté de l'homme faisant usage du croisement et surveillant lui-même le produit des nouvelles espèces qu'il désire obtenir.

La sélection naturelle se ferait par la lutte pour l'existence, la concurrence vitale, la bataille des espèces ; il en résulte que ce sont les derniers animaux parus qui remportent toujours la victoire, parce qu'ils sont les plus forts et les mieux doués. De là, la transformation des formes organiques survenant par l'action des lois de l'hérédité, du milieu et de l'adaptation. Cette transformation reposerait donc sur la *sélection*, ou Darwinisme.

3° La théorie de l'*évolution* de Hœckel soutient qu'il existe dans la nature un grand processus évolutif, éternel ; que tout arrive en vertu d'une loi de causalité et que tout est réductible à la mécanique des atomes. Que grâce à des combinaisons nouvelles de la matière, des propriétés également nouvelles apparaîtraient dans les molécules de la matière organique. Les formes se modifieraient aussi par l'influence du milieu. Ce serait une conception mécanique du monde sur laquelle Hœckel viendrait s'étayer, donnant pour complément à son système l'hypothèse de la théorie cellulaire. Par cette théorie, le naturaliste allemand admettrait l'âme, mais il la ferait résider dans toutes les cellules de l'économie animale enveloppant le corps entier ; à la mort, cette âme collective disparaîtrait sans laisser de traces.

Nous soutenons au contraire que le siège de l'âme est au cerveau, organe psychologique spécial ; qu'elle survit au corps avec lequel, pendant la vie, elle est constamment en rapport au moyen des fluides et du système nerveux ; que, de plus, le progrès évolutif se fait, comme nous l'avons dit, autant pour l'esprit que pour la matière.

Ainsi, le *transformisme* de Lamarck, la *sélection* de Darwin et l'*évolution* de Hœkel désigneraient un même phénomène. Ces trois théories, quoique diverses, confirment un point commun qui nous satisfait et nous permet de soutenir l'hypothèse suivante :

La transformation des espèces proviendrait uniquement de l'âme faisant son évolution à travers toute la série animale au moyen d'existences successives ; prenant à chaque transformation ou incarnation nouvelle, une forme différente par l'adjonction de particules spsychiques éparses dans la matière, et s'unifiant par la force d'affinité.

L'évolution ne serait donc que le changement produit par une addition constante, un agrégat continu du principe intelligent se poursuivant sans interruption de la monère à l'homme. La première représenterait la parcelle divine à son extrême division, tandis qu'on pourrait admettre, pour l'âme de l'homme, des millions de parcelles, qui seraient venues s'y fixer, progressivement, par la loi d'attraction. L'âme humaine serait donc la résultante de cette évolution ; elle passerait par un grand nombre de formes, et les types primitifs ayant terminé leur durée, accompli leur évolution, céderaient la place à des êtres plus perfectionnés. La partie spirituelle, évoluée et séparée de la matière, serait recueillie par la nature pour animer un organisme nouveau.

Un grand nombre de types anciens seraient donc conservés pour recevoir les âmes rudimentaires venant des plus bas degrés de l'animalité. Si nous attribuons une âme aux animaux, c'est que nous reconnaissons qu'il n'y a qu'un principe intelligent dans le monde, s'adaptant à tous les êtres de la création ; et comme les animaux sont doués d'intelligence, nous pouvons dire qu'ils ont une âme progressant comme celle de l'homme par des transformations successives. La différence entre l'homme et l'animal ne devient qu'une différence de degré ; et si l'on pouvait parvenir à démontrer ce degré, il est évident qu'il y aurait une nouvelle manière d'envisager les rapports entre le monde et l'homme.

Quelques naturalistes reconnaissent, d'ailleurs, que tout animal ayant un système nerveux a une âme ; que l'instinct ne serait qu'une intelligence rudimentaire, et que c'est le principe intelligent qui leur donne la faculté de penser, de raisonner, de combiner et d'agir en toute liberté.

Si, en effet, dit Buchner, on entend par instinct

quelque chose de distinct de l'intelligence, ou même opposé à l'essence de l'intelligence, il n'y a pas d'instinct. Paul Broca nous disait aussi, dans son cours d'anthropologie, qu'il fallait reconnaître que les animaux possèdent, comme nous, une intelligence véritable, de tous points comparable à la nôtre, quoiqu'elle soit infiniment moins développée.

Les travaux récents d'histoire naturelle de sir John Lubbock sur les fourmis, les abeilles, confirmeraient notre hypothèse. Ce savant naturaliste, après des études patientes, des expériences exécutées selon toutes les règles, semble conclure comme nous au progrès de l'esprit. Admettant que l'intelligence universelle est éparse dans la matière et qu'elle est par parcelles divisée à l'infini, nous croyons que la loi d'affinité pourrait être applicable à la formation de tous les êtres. La plus grande masse intellectuelle attirerait alors les particules psychiques nécessaires à la composition d'un organisme nouveau.

Lubbock reconnaît que l'âme est l'ensemble des facultés mentales ; que les insectes qu'il a étudiés sont doués de raison et leurs facultés étant de la même nature que celles de l'homme, l'homme et l'animal pourraient être placés désormais sur la même échelle.

CHAPITRE II.

Lors de la formation des étages des terrains primitifs, la vie ne s'était point encore manifestée sur la terre. Ces terrains ne contiennent, en effet, aucun débris d'êtres organisés, et ce n'est qu'à la base des couches de transition, dans les calcaires du Cumbrien, qu'on trouve quelques traces de végétaux, de zoophytes et de coquilles. En remontant les diverses couches stratifiées, on rencontre les fossiles caractéristiques de chaque étage ; et, par une étude attentive, une observation minutieuse, on remarque que les organismes les plus simples sont à la base de la série géologique et les plus complexes au sommet (1). On peut suivre ainsi le développement constant du principe intelligent animant successivement les divers types créés par la nature, types dont le plus grand nombre aurait disparu.

---

(1) Ce fait ne révèle-t-il pas lumineusement une admirable ascension des êtres?

Nous entendons par nature l'ensemble des lois par lesquelles se manifeste la direction providentielle.

Nous avons déjà dit que l'homme et l'animal pouvaient être placés sur la même échelle, parce que le principe intelligent qui les anime est d'une même nature, et qu'il n'y a entre eux qu'une différence de degré. L'évolution serait donc cette échelle mystérieuse de Jacob que tout être doit gravir pour atteindre à son développement complet. Elle avait pour base les profondeurs de l'abîme, et la cîme allait se perdre dans l'espace infini. C'était bien l'âme poursuivant sa marche progressive à travers toutes les formes matérielles qu'elle devait revêtir, depuis l'infusoire jusqu'à l'homme, depuis l'homme jusqu'à Dieu.

Dans l'esprit de la plupart des philosophes-naturalistes, les mots atome, molécule, monade ou monère, seraient synonymes. Les monères, selon Hœckel, seraient d'informes corpuscules de plasma, de simples grumeaux albuminoïdes; on ne connaît pas de formes plus simples que les monères, car elles sont dépourvues d'organes, mais possèdent pourtant toutes les propriétés essentielles de la vie; elles se nourrissent, se reproduisent, réagissent et se meuvent. Les cellules descendent des monères; ce sont les ancêtres les plus antiques du règne animal et de l'humanité. On ne peut dire à quel moment de la durée, ni au milieu de quelles conditions ces premiers êtres vivants ont paru au sein des mers. Ils présentent la transition entre ce qu'on appelle les corps organiques et les inorganiques. Les monères primitives sont nées, croit-on, par génération spontanée. Celle-ci serait donc l'évolution de la matière inorganique vers la matière organique ; ce serait la parcelle d'esprit voulant sortir de la gangue matérielle qui la recouvre.

De la monère jusqu'à l'homme, la route est longue, obscure, fatale ; mais, parvenue à l'humanité, l'âme a conscience de son individualité et connaît désormais la voie qu'elle doit suivre. En jetant un coup d'œil en arrière, elle voit que l'embryon humain traverse en neuf mois toute la série des formes que les ancêtres ont parcourues durant des millions et des millions d'années, de la monère au plus élevé des vertébrés ; aussi la théorie du transformisme serait l'histoire de l'évolution humaine, puisque l'âme en est la résultante. — Il a donc fallu à l'esprit une longue période d'évolutions pour monter de l'éponge à l'homme.

Sans trop nous étendre sur la cellule, nous dirons que le grumeau de protoplasma dont elle est composée renferme un noyau plus ferme dans lequel,

1.

croyons-nous, se trouve l'élément spirituel. Quand deux cellules se rencontrent, elles ont une tendance à se rapprocher ; cette tendance interne est déterminée par l'affinité mystérieuse à laquelle obéit le principe vital qui s'y trouve enfermé, et tendrait à s'unir à d'autres de même nature. C'est là, probablement, le point de départ de la création. L'association des cellules reste simple, homogène, jusqu'à ce que des différenciations surviennent par la division du travail ; les cellules prennent alors des formes et des propriétés différentes.

Quand les cellules, à la mort de l'être, ont accompli leur évolution, le groupe psychique qui s'y trouve se détache de la matière; cette matière transformée servira à d'autres manifestations. La partie spirituelle évoluée est aussitôt recueillie et mise en réserve par la nature pour animer un organisme nouveau. Cependant il peut y avoir une autre hypothèse : c'est que le principe intelligent irait, par des lois encore inconnues, s'unir à d'autres principes de même essence.

Il y a dans l'être animé le principe intelligent, indépendant de la matière et qui lui survit; c'est l'âme, dont l'évolution est constante et n'a pas de temps d'arrêt. Et, de même qu'à chaque changement de forme il y a eu changement dans la nature du dépôt,

de même aussi à chaque transformation de l'être in-
carné il y a augmentation de valeur spirituelle. Par
la loi d'attraction, chaque être puise à la source
universelle la quantité psychique nécessaire au
but qui lui est assigné et au progrès qu'il doit accomplir. Il s'assimile aussi des éléments, des germes;
ces derniers en se développant forment de nouveaux organes, et les cellules qui les composent s'y
fixent par absorption et par affinité.

Par suite de ces retours successifs dans la forme
animale, les êtres offrent des variétés nouvelles, et
prennent plus d'importance à mesure qu'eux-
mêmes deviennent espèces. La nouvelle espèce
se maintiendra si elle est en harmonie avec le
milieu physique qui lui convient; car nous savons
que la dernière espèce venue, d'après la loi du
progrès, est supérieure en intelligence à celles qui
l'ont précédée et dont la plupart sont éteintes.

Les espèces se transforment parce que l'esprit
qui les anime a subi lui-même une transformation.
La métamorphose étant une conséquence des lois
naturelles qui régissent l'esprit, on ne doit pas
s'étonner des caractères nouveaux et des aptitudes
particulières que l'être manifeste.

Si à chaque existence nouvelle l'esprit progresse,
il faudra à chaque transformation des organes plus
perfectionnés. L'évolution de l'esprit est pareille à

l'évolution animale ; et quand le principe intelligent a acquis toutes les qualités qui lui sont afférentes, il monte d'un degré. Aussi les types qui n'ont pu se maintenir ayant terminé leur durée, accompli leur évolution, cèdent la place à des êtres plus perfectionnés. Mais avant leur disparition, il est nécessaire que leur corps matériel serve à l'alimentation des nouveaux venus dans la vie, ce qui détermine forcément la destruction des anciennes espèces dont l'évolution est terminée.

Les mêmes espèces ont pu naître en même temps et dans diverses régions à la fois sans qu'il fût nécessaire d'un progéniteur commun. Nous ne croyons pas que le même animal puisse naître plusieurs fois dans la même espèce, à moins de n'avoir pu suffisamment évoluer, et de n'avoir pas rempli les conditions de son existence antérieure. Cependant, si l'espèce contient des variétés, l'âme devra s'y réincarner et parcourir les divers degrés de cette échelle variée (1). La divergence des caractères entraîne la différence des types, car l'âme n'est pas semblable à une autre dans l'espèce où il existe des variétés.

---

(1) Bien que très probables, ces faits sont encore hypothétiques.

A chaque incarnation, les êtres accroissent leurs facultés. Par cette adjonction continuelle, il est évident que l'animal n'aura plus la même forme que précédemment puisqu'il aura, pour ainsi dire, l'âme augmentée de puissance par le nouvel appoint psychique qu'il conquiert. Aussi les espèces naissent, grandissent et s'éteignent, laissant la place à d'autres qui subiront à leur tour les mêmes vicissitudes en accomplissant la même destinée. L'âme passe ainsi par un grand nombre de formes, et à chaque changement il y a chez elle augmentation du principe intelligent.

Les modifications qui se sont produites dans la structure animale depuis la méduse (premier animal libre) jusqu'à l'homme, proviennent de la sélection de l'esprit. L'esprit, en effet, préside à la formation de son corps et lui donne la forme qui convient à son progrès ; aussi les éléments qui constituent ce dernier n'ont aucune détermination partielle et ne sont qu'entraînés par l'attraction vitale de la force spirituelle. C'est donc l'esprit seul qui en forme la filière et non l'élément matériel.

Le corps n'a pour tout rôle que de nous obliger à travailler, à étudier et à souffrir. C'est un lourd fardeau qui nous est imposé. Mais ce fardeau n'en a pas moins une mission sublime, celle de nous obliger à progresser. C'est à lui que nous devons toutes nos connaissances actuelles, et c'est encore par lui qu'arrivera notre émancipation définitive. Lorsque nous serons parvenus à nous créer des loisirs, à vivre avec facilité, lorsque la plus grande partie de notre temps ne sera plus employé à alimenter la machine corporelle, l'Esprit, alors, prendra plus d'essor et chacun cherchera à comprendre tout ce qui reste encore aujourd'hui mystère ou ténèbres.

CHAPITRE III.

En transformisme, on appelle *monstruosité* une conformation d'organe contraire à l'ordre établi dans les choses créées. Est-ce un essai de la nature, projetant la formation d'une espèce nouvelle? Ces productions extraordinaires ne se transmettent point par voie d'hérédité. Darwin admet qu'en une seule génération une forme spécifique peut varier sensiblement et même monstrueusement en s'éloignant trop du type primitif.

Geoffroy-Saint-Hilaire estime que le traitement contre nature de l'embryon engendre les monstruosités et les déviations de type. Nous pensons que les déviations, qui sont aussi des variabilités, proviennent de tentatives faites par la nature pour créer d'autres organes. C'est pendant la période embryonnaire que cette variabilité se détermine (1).

---

(1) Est-ce un essai de la nature projetant la formation d'une espèce nouvelle, ou, comme on le constate chez la femme, la femelle en gestation serait-elle impressionnée violemment par quelque fait anormal dont le contre-coup influe sur le développement du fœtus?

Certains caractères peuvent se transmettre dans les familles où ils ont déjà paru. Les petites variétés individuelles s'y fixent héréditairement et peuvent se propager plutôt que les déviations monstrueuses dont la production était irrégulière.

Pour créer une souche nouvelle, il faut, en effet, des organes nouveaux.

Les petits de la même portée diffèrent quelquefois entre eux, quoique les parents, aussi bien que leur postérité, aient tous été soumis aux mêmes conditions d'existence. Mais d'où peut provenir cette variabilité? Darwin croit encore pour ce cas aux lois de la reproduction de croissance et d'hérédité. Nous pensons, au contraire, que chaque petit aura une somme d'intelligence différente donnée par la nature et produisant les variétés.

Dans toute sélection il y a la part accomplie par l'homme et celle faite par l'esprit en gestation.

Nous remarquons pourtant que les œuvres de la nature sont infiniment supérieures à celles de l'art. Donc l'intelligence productrice de cette dernière est autrement grande que celle de l'homme.

Le principe de sélection naturelle s'applique aux transformations progressives des êtres.

L'être acquiert donc pendant l'existence un progrès constant, et cette évolution s'accomplit en vertu des lois providentielles préposées aux transformations successives de l'animalité. Ainsi, le changement de l'appareil natatoire des poissons en poumons des vertébrés est une évolution, et l'âme du poisson devenue celle d'un vertébré, après cette évolution, aura des parcelles psychiques en plus grand nombre.

Dans l'origine, les espèces n'étaient point permanentes, elles se modifiaient sans cesse. Cependant quelques types primitifs se sont conservés pour recevoir les âmes rudimentaires destinées à animer les formes que la nature leur réservait.

L'accumulation serait l'augmentation d'une particularité quelconque dans l'organisme d'un sujet modifié par un croisement de races ou telle autre circonstance.

Les hybrides et les métis sont le produit de deux espèces différentes. — Entre parents consanguins, une accumulation d'hérédité se manifestera, et l'un des types pourra persister en raison de la fixité de la race que la nature voudra conserver. Entre hybrides, le produit sera déterminé par le caractère auquel on devra rapporter l'individu. Entre espèces bien définies, le croisement donne des produits chez lesquels les caractères des parents se mélangent sans se confondre. Ceux dont les types sont distincts témoigneraient de la tendance chez les produits, soit à l'un ou à l'autre type, selon la valeur psychique qui les distingue.

Les différents ordres de la classe des reptiles sont reliés entre eux par une série de formes de transition de plus en plus élevées à mesure qu'augmente le principe intelligent. La même chose a lieu parmi les mammifères : entre les groupes les plus tranchés apparaissent des séries intermédiaires. L'animalité est ainsi unie par une chaîne immense dont les chaînons sont dissemblables, parce que chaque être vivant possède une quantité psychique différente. Ainsi les poissons, les reptiles, les oiseaux, se trouvent reliés par une série de formes chez lesquelles se retrouvent les caractères les plus opposés.

Il y a deux doctrines pour expliquer les changements survenus à la surface du globe terrestre. Celle des cataclysmes subits, à laquelle viendrait se rattacher la théorie de la fixité des espèces. Cette théorie soutient qu'il y aurait dans l'espace tous les germes d'animaux qui ont fait leur apparition sur la terre et auraient disparu dans ses bouleversements successifs. Cette hypothèse contraire à la science n'est point admise.

La doctrine de l'action lente des causes actuelles est généralement adoptée par la science moderne. Ces causes auraient graduellement modifié l'écorce terrestre, lentement et sans solution de continuité

entre les époques anciennes et les époques modernes. A cette doctrine géologique correspond la
théorie de la variabilité des espèces par voie de
sélection psychique.

Ainsi nous pouvons dire que les organismes se
sont naturellement développés, et dans ce cas ils
dérivent tous de quelques formes ancestrales com-
munes excessivement simples ; ou bien, si ce n'est
point le cas, les diverses espèces des êtres organisés
sont nées indépendamment les unes des autres, et
ne peuvent avoir été créées que d'une manière
surnaturelle (1). Évolution naturelle ou création
miraculeuse des espèces, telle est l'une des deux
hypothèses à choisir.

Pour nous, nous suivrons les naturalistes qui
croient à la succession et à l'évolution progressive
des êtres vivants. Les découvertes géologiques
nous montrent d'ailleurs les espèces se modifiant
sans cesse et se trouvant en harmonie avec les pro-
cédés de la nature. Nous ne pouvons concevoir des créations partielles et fixes, et le roman
de la Genèse a fait son temps. On n'a jamais vu,
en effet, les animaux sortir du sol par généra-

---

(1) Cette donnée supprime d'un trait l'enchaînement progressif des êtres que démontre la science expérimentale.

tion spontanée, l'éléphant avec sa trompe, les bœufs avec leurs cornes. Dieu le père n'est point descendu de l'Empyrée pour pétrir l'homme avec de la boue et le former à son image. Il est plus logique et plus naturel de voir pour aïeux, à l'homme primitif, les anthropoïdes du miocène. D'ailleurs, la géologie reconnaît à l'existence animale une durée de plusieurs centaines de millions d'années, dont les quarante kilomètres d'épaisseur de la croûte terrestre sont un témoignage.

C'est pendant la vie de relation que le progrès de l'âme s'accomplit, — il y aura ainsi évolution ascendante et progressive, — les attributs seront divers chez chaque individu de chaque génération successive, et si les attributs diffèrent, c'est parce que le nombre de parcelles intelligentes varie dans chacun d'eux.

Ce qui détermine la métamorphose lentement progressive des espèces, et qui, successivement, aurait produit des formes de plus en plus parfaites, c'est le libre usage que chaque individu fait de ses facultés vitales et mentales dans sa lutte constante contre les nécessités et les lois de l'existence. Par la concurrence vitale et la lutte incessante des espèces, l'être progresse, devient énergique et courageux.

On demande à chaque système de fournir des

preuves. Les preuves de la théorie de Darwin sont inscrites partout dans la nature. Ce savant philosophe naturaliste déploie une patience attentive dans ses recherches des lois de la vie, et met un soin tout particulier à s'assurer de la vérité des faits qu'il énonce. Il est, en effet, de tous points d'accord avec l'idée d'une transformation lente des formes spécifiques, et s'il avait su distinguer l'âme faisant aussi son évolution, beaucoup de problèmes restés encore insolubles auraient été certainement résolus par lui. Il aurait reconnu pour l'esprit cette grande vérité confirmant la loi du progrès : *Crescit eundo.* (Il augmente en montant.)

CHAPITRE IV.

Durant des longues périodes géologiques, les êtres, comme nous pouvons le constater en étudiant les couches terrestres, ont dû modifier leurs organes par l'agrégation constante du principe intelligent et par l'adaptation, laquelle, d'après Darwin, serait transmise aux descendants par la loi d'hérédité. Mais cette loi, telle que nous l'entendons, n'est pas admissible, l'esprit ne se transmettant pas. L'âme des parents ne se divise point et ne perd rien de son essence. L'hérédité qui semble exister chez les êtres vivants résulte des éléments physiques qu'ils tiennent de leurs ascendants.

L'âme, en se réincarnant, change sa forme extérieure, et les modifications accumulées dans des vies successives en créant de nouveaux organes constitueront l'évolution, c'est-à-dire la loi du progrès. C'est probablement pendant la vie corporelle que les éléments spirituels viennent augmenter ceux que nous possédons déjà pour donner à l'âme plus de force, plus de puissance. Nous concevons maintenant que l'âme arrivée au *summum* de l'animalité ne s'y arrête pas et continue sa marche progressive vers de nouvelles destinées. Ce sont à travers l'infini de la durée et de l'espace les diverses hiérarchies d'Esprits qui dirigent les évolutions de la vie, lesquelles commencent à l'infusoire, se terminant à Dieu. Les variations accidentelles s'accumuleront également. Il y aura ainsi une sorte de parallélisme évolutif entre le corps et l'âme, et le progrès s'accomplissant pour chacun d'eux en même temps, on peut calculer le moment où le but se trouvant atteint, l'esprit retourne dans les régions célestes. Nous dirons donc, et c'est notre conviction profonde, qu'aucune chose ne provient du néant, *ex nihilo nihil :* que l'esprit n'a jamais été créé, qu'il a toujours existé, et qu'il est coéternel à Dieu (puisqu'il est une étincelle de son essence) (1).

Au début de son existence, l'être n'a besoin que d'une structure simple ; son organisme sera plus perfectionné à mesure de son progrès évolutif. Ces stations spirito-matérielles sont d'autant plus nécessaires que la loi de l'évolution astreint les

---

(1) Cette opinion supposerait que les atomes terrestres durent, avant de jouer leur rôle ici-bas, servir à la constitution du monde sidéral et, probablement encore, subir des évolutions infinies avant d'être propres à former les corps actuels.

êtres à les parcourir. Hœckel semble admettre aussi cette forme de progrès, quand il dit : « Il existe une longue série d'élaborations progressives et de formes évolutives de la vie psychique, descendant pas à pas de l'homme supérieur à l'homme inférieur, des animaux les plus hautement doués aux moins développés, jusqu'au simple ver dont le ganglion nerveux rudimentaire a été le point de départ de toutes les formes cérébrales de cette série d'êtres. »

On le voit, le transformisme est bien près de se spiritualiser. Quand la science ne mettra plus en doute la permanence de l'âme, le spiritisme sera mieux accueilli, car il sera compris. Quelques naturalistes admettent déjà qu'il existe un rudiment d'âme chez tous les animaux pourvus d'un système nerveux.

Dans cette étude nouvelle du transformisme, le côté psychologique mérite un plus sérieux examen, parce que sans l'âme tout reste inexplicable et confus. Le *moi spirituel* ressort en effet de cette étude ; il surnage pour ainsi dire pendant toute la durée de l'évolution, et bien qu'il échappe à notre vue, la raison en admet la réalité. L'âme ne pouvant provenir de la matière, bien qu'elle y soit enfermée, survit au corps, et à la désagrégation la matière entre dans de nouvelles combinaisons.

La théorie de l'évolution explique comment les formes élevées ont succédé aux types inférieurs par lesquels l'esprit passe pour accomplir son progrès. Il ne l'obtient, avons-nous dit, que par l'adjonction de parcelles intelligentes qu'il attire et qu'il s'agrège pendant la vie corporelle. L'élément intelligent est doué d'un fluide particulier servant d'intermédiaire à la sensation et à la volonté. Ce fluide, appelé périsprit, ne quitte jamais l'esprit, il lui est inhérent et s'épure à mesure que l'esprit progresse.

Lyell est venu renverser l'idée des cataclysmes et y a substitué la théorie des causes actuelles et des actions lentes. Darwin applique à son tour les mêmes principes de développement des voies organisées et se trouve en accord avec l'éminent géologue. Aussi, quand on réfléchit sur l'origine des espèces, on conclut que chacune d'elles n'a pu être créée indépendamment, mais doit descendre d'autres espèces. Les rapports embryologiques nous en donnent des preuves certaines et nous le démontrent scientifiquement. Dans cette évolution constante, l'animal acquiert, par le travail, le développement qui forme son *moi progressif;* cette dernière théorie explique l'origine des espèces et leur filiation par la divergence de caractères au moyen de variations continues, survenues par les existences successives du principe intelligent dans l'espèce animale. Une condition s'impose à cette doctrine, c'est le parcours d'une longue suite de siècles. Il est certain qu'après quelques centaines de millions d'années l'esprit devra avoir progressé.

Puisqu'il n'est besoin que du temps pour varier les espèces, nous sommes assurés que cette longue durée a eu lieu, car les couches terrestres nous en ont laissé le témoignage. Il est vrai qu'on n'a pas assez de documents pour déterminer régulièrement la formation des terrains primitifs intermédiaires, secondaires et tertiaires ; mais quant aux temps géologiques, époque lointaine de l'apparition de l'homme sur la terre, M. de Mortillet, professeur de paléontologie, compte, au moyen de chronomètres naturels, plus de deux cent mille ans décomposés ainsi :

Temps actuels, environ......................			15,000 ans	
Temps géologiques	époque Magdalénienne	36,000 ans		
	— Solutréenne..	8,000 —	222,000 —	
	— Moustérienne .	100,000 —		
	— Chelléenne...	78,000 —		
		Total..........	237,000 —	

Il y aurait donc 237 mille ans que l'homme vivrait sur la terre, puisque son apparition est bien

constatée à l'époque Chelléenne, base des quaternaires, par les crânes fossiles et les instruments
grossiers de son industrie.

Ainsi, sans que notre dignité doive en souffrir,
nous pouvons dire que l'homme descend du singe,
qu'à l'époque reculée dont nous parlons il avait
encore tous les caractères Simiens : front bas, étroit
et fuyant ; arcades sourcilières épaisses, arrondies
et proéminentes ; le prognathisme très marqué. Dans
ces temps prodigieusement reculés, l'homme n'était
pas même doué de la parole, et ce qui le prouve, c'est
l'absence de saillie mentonnière, d'apophyse géni
où viennent s'insérer les muscles du langage. Nous
ne pouvons du reste mettre en doute les assertions
scientifiques de nos savants professeurs qui nous
démontrent, par des affirmations et des preuves
irréfutables, que telle a été notre origine.

En effet, lorsque l'évolution du gibbon, par
exemple, fut accomplie, qu'il eut atteint la supé-
riorité animale, et que le besoin d'une autre espèce
se fut fait sentir, cet aïeul, en se réincarnant pour la
dernière fois chez un de ses pareils, allait donner à
son corps une forme plus appropriée à ses nouveaux
besoins et à sa nouvelle destinée. Cette créature
dût être assurément un singe perfectionné, tenant
de la nature humaine qu'il créait et de la nature
Simienne qu'il conserva longtemps encore, jus-

qu'à ce que par des incarnations successives il eut dépouillé les derniers caractères de l'animalité.

Parmi les anthropoïdes, le gibbon, l'orang, le gorille et le chimpanzé, nous avons pris de préférence le gibbon pour notre progéniteur direct, parce que cet animal est doux, caressant, et semble supérieur en intelligence aux autres singes de son espèce.

C'est ainsi que nous trouvons l'homme primitif à la base du Chelléen, et c'est sans doute pendant la durée du pliocène que l'évolution se sera faite pour son précurseur, puisque les anthropoïdes apparaissent déjà au miocène. A cette époque lointaine du tertiaire, la température était douce, presque égale partout ; c'est pourquoi ces primates vivaient en même temps sur plusieurs continents. Une évolution nouvelle allait donc s'accomplir pour cette grande quantité de primates parvenus à l'extrême limite de l'échelle animale ; aussi l'homme naissait-il sur plusieurs points du globe à la fois.

Soyons bien persuadés toutefois que ce sont les âmes ayant animé les anthropoïdes qui vinrent s'incarner dans l'homme primitif et non point des esprits déjà avancés attendant dans l'espace le moment propice pour faire leur apparition sur la terre. Ce qui a pu faire croire à la venue d'esprits autres que ceux des singes, c'est qu'on pense généralement que les animaux ne progressent pas, et que, n'ayant que l'instinct, ils ne peuvent aller au-delà de la condition pour laquelle ils ont été créés et dont la limite semble infranchissable, mais il n'en est pas ainsi. La nouvelle théorie déjà entrevue par quelques philosophes naturalistes vient prouver cette intéressante série animale, dont l'âme parcourt à notre insu les degrés, et arrive peu à peu vers l'humanité à laquelle elle vient se mêler, quand l'évolution inférieure est accomplie.

Les singes actuels font aussi leur évolution, et nous pensons qu'ils viennent s'incarner chez les Négritos, les Fuégiens, les Bochimans et chez toutes les races inférieures du globe. Dans les temps géologiques, la race humaine n'était pas ce qu'elle est aujourd'hui ; elle avait encore quelques caractères Simiens, et ce n'est que pendant la longue période de deux cents mille ans que des modifications furent apportées à sa conformation physique, à ses mœurs et à ses besoins. L'homme s'est perfectionné depuis par des existences successives ; il n'est plus ce qu'il était dans le lointain des âges ; tout est changé autour de lui, et notre civilisation ne peut être comparée en rien à la barbarie de la période paléolithique.

2.

CHAPITRE V.

Nous diviserons le transformisme en deux parties,
l'une spirituelle, l'autre matérielle, et nous le suivrons dans sa double évolution. Ce parallélisme
évolutif de l'esprit et de la matière se continue à
travers les âges, jusqu'à ce que la matière soit
entièrement transformée et que l'esprit qui l'anime
soit parvenu dans les mondes supérieurs.

MM. Topinard et Mathias Duval, successeurs de
M. Broca, enseignent officiellement le transformisme et tiennent sous le charme de leurs leçons
un nombreux auditoire. M. de Mortillet, professant
la paléontologie que nous étudions depuis la fon-
dation de cette chaire (novembre 1876), attire à son
tour un public d'élite. La plupart des adhérents
accompagnent l'éminent professeur dans les excur-
sions scientifiques qu'il fait pendant toute la saison
printanière. A Chelles, au Pecq et dans tous les
bas quaternaires que nous avons parcourus, nous
avons trouvé des silex grossièrement taillés, témoignage irrécusable de l'existence de l'homme à
cette époque reculée. Qu'on ne dise plus maintenant

que le transformisme est un système fantaisiste et sans valeur; nier n'est pas prouver.

Dans un chapitre précédent, nous avons démontré la descendance siminienne de l'homme ; nous allons actuellement le suivre dans ses diverses existences.

MM. Broca, Gratiolet et le docteur Hervé n'ont pu trouver, anatomiquement parlant, des caractères différents entre les antropoïdes et l'homme. Linné, dans sa classification animale, place ce dernier dans le groupe des primates (singes de l'espèce supérieure), et les naturalistes consciencieux reconnaissent cette classification. Le gorille, — singe le plus rapproché de l'homme par son caractère et sa conformation, — habite le Gabon ; le chimpanzé, la Guinée ; le gibbon et l'orang, l'Inde et les îles qui s'en détachent. Ces anthropoïdes sont les premiers êtres de l'échelle animale dont l'homme fait partie. Ce dernier a donc pu naître simultanément en Afrique et en Asie, puisque ces contrées étaient habitées par les primates.

Lorsqu'on jette un coup d'œil attentif sur l'ensemble des crânes préhistoriques déjà connus, en procédant des plus anciens aux plus récents, on aperçoit chez eux un progrès dans la série des âges, un perfectionnement organique, décelant divers degrés de culture intellectuelle. Le cerveau augmente de volume, les circonvolutions deviennent plus nombreuses, et l'on voit une forme nouvelle, la brachicéphalie, c'est-à-dire une tête arrondie, apparaître à l'époque Robenhausienne sans que la dolichocéphalie disparaisse entièrement.

La transformation des espèces aurait donc pour but l'ascension de l'être vers un état meilleur d'existence. Les facultés présentes ne seraient que la continuation des facultés acquises, fortifiées par les vies successives. La forme humaine n'a été fixée qu'après une innombrable série d'ébauches. Chaque variation du prototype est donc une sorte d'étude de la forme humaine que la nature esquissait. Mais à chaque essai nouveau il y a eu, pour ainsi dire, adjonction de force intelligente, venant s'adapter à l'être. Sans cette adjonction, ce dernier fût demeuré ce qu'il était précédemment, et les infusoires qu'un verre grossissant nous montre semblables à des monstres, ne feraient point d'évolution. Ces animalcules imperceptibles, contenus dans une goutte d'eau de la Seine, n'ont pas la même forme que ceux dont la goutte d'eau de la Marne est peuplée. Ce qu'on sait aujourd'hui du transformisme en général donne lieu de penser qu'après une phase d'évolution, ces animalcules vont s'unir à d'autres quasi-similaires qui les suivent immédiatement sur l'échelle ascendante de la vie.

Le principe intelligent se constitue ainsi dans son unité par les groupements successifs de ses éléments inférieurs qui, parvenus à l'état conscient, formeraient un *moi* de plus en plus élevé.

ÉPOQUE CHELLÉENNE, BASE DES QUATERNAIRES.

Nous avons dit que l'homme primitif vivait à l'époque chelléenne. Cependant M. de Quatrefages et l'abbé Bourgeois pensent que c'est au tertiaire qu'il faut aller chercher le type crânien primitif, puisque, à cette époque, les anthropoïdes avaient déjà fait leur apparition sur la terre. En effet, au pliocène, partie supérieure du tertiaire, des éruptions volcaniques se sont produites au centre de la France, dans l'Ardèche et le Cantal. Près du Puy, on a découvert un homme empâté dans les coulées boueuses du volcan de la Denize. M. Sauvage a reconnu, sur les lieux mêmes, que le crâne de cet homme était semblable à celui du Néanderthal (Belgique) trouvé à la base des quaternaires. Quoiqu'il en soit, nous ne nous arrêterons pas à la période tertiaire, fort peu connue d'ailleurs, et nous entrerons dans la période quaternaire, mieux explorée.

On évalue à 78 mille ans, environ, la durée de

l'époque chelléenne, dont la température fut à la fois humide et chaude ; les débordements des rivières y furent fréquents. C'est à la base des alluvions qu'elles formèrent que les anthropologues, dans leurs recherches, ont trouvé, mêlés avec les débris humains, des ossements d'éléphant et de rhinocéros préhistoriques.

Le crâne le plus ancien serait celui du Néanderthal, trouvé près de la Dussel, dans une grotte remplie par le terrain quaternaire. Sans les ossements humains qui l'entouraient, on n'eût pu dire si l'on était en présence d'un crâne de singe ou d'un crâne humain. Les arcades susorbitaires étaient très saillantes ; le front bas sans redressement, la voûte fuyant rapidement en arrière ; le siège de l'intelligence était sans développement, mais la partie postérieure énorme témoignait que cet homme était dominé par les instincts brutaux. Le fémur, épais et court, offrait des caractères simiens. c'était un homme plus petit, mais plus vigoureux et mieux charpenté que celui de nos jours. Le crâne du Néanderthal pourrait être le type conservé de la forme céphalique de l'homme tertiaire dont nous avons déjà parlé.

Le crâne d'Eguisheim, près de Colmar, découvert par le docteur Faudel dans le lœss durci du Rhin et à neuf mètres de profondeur, présenterait tous les caractères de celui du Néanderthal : front fuyant, grand développement postérieur de la tête.

Le crâne de Canstadt, trouvé parmi des os de mammouth aux environs de Stuttgard, se rapproche singulièrement des premiers. Un autre crâne, découvert dans une brèche osseuse du *rocher de Gibraltar*, est semblable à celui du Néanderthal, et sa forme, de tous points identique à ceux dont nous venons de parler, ne peut laisser aucun doute sur l'antiquité de son origine.

Le crâne de Chauveaux a été trouvé près de Liège, à vingt mètres au-dessus du niveau de la Meuse. Il est petit, le front fuyant; et il est remarquable par son extrême allongement. Il appartient sûrement à l'époque chelléenne.

Les crânes de Clichy, découverts dans les bas niveaux de la Seine, présentent des caractères d'infériorité très frappants, habituels chez un grand nombre de primates, singes touchant par bien des côtés à la race humaine.

A l'époque chelléenne, l'évolution humaine ne se faisait qu'avec une excessive lenteur, et la science vient confirmer les données de la philosophie spirite, données en vertu desquelles des esprits plus avancés viendraient s'incarner dans toutes les phases de l'humanité, pour la faire entrer dans les voies du progrès. Pour cette raison, nous signalons le crâne de l'*Olmo*, tout à fait étranger aux formes de cette époque, et nous supposons que ce fut l'incarnation d'un esprit supérieur aux hommes de ce temps-là. On a trouvé ce crâne aux environs d'Arezzo, en Toscane, dans les argiles des quaternaires. C'est certainement un crâne très ancien ; les argiles non remaniés contenaient des restes d'éléphant antique, et quelques silex taillés faisaient partie du même dépôt. Malgré sa haute antiquité, le crâne de l'Olmo ne rappelle en rien ceux de la base des quaternaires, déjà mentionnés, et n'offre aucun caractère pithécoïde. Il a au contraire des dimensions considérables, et, d'après le professeur Cocchi, non seulement il se placerait en dehors de tous les types examinés par lui en Italie, mais encore il ne trouverait, à son sens, aucun terme de comparaison dans toute la crâniologie ancienne.

Ce crâne (1) pourtant appartient aux temps les plus reculés. Comment, sinon par l'hypothèse que nous venons d'émettre, expliquer d'après la théorie

---

(1) D'après Lélut, ce crâne, comme dimension, peut être classé entre ceux de Napoléon et de Voltaire, car celui du premier mesurait 21 pouces de circonférence, celui de Voltaire 20 et le crâne de l'Olmo 20 1/2, présentant ainsi un excédent sur le crâne de Voltaire.

d'un lent transformisme, ces remarquables proportions de la boîte crânienne, ce front saillant et vertical, cet ensemble régulier de la tête présentant les caractères de noblesse, de grandeur propres aux intelligences développées? Peut-être venait-il providentiellement initier ses contemporains aux connaissances qui leur étaient nécessaires pour traverser sans trop de péril la longue période glaciaire dont s'accentuaient déjà les signes précurseurs ?....

CHAPITRE VI.

Nous avons dit que l'époque quaternaire commençait au moment où se formaient les alluvions des plus bas niveaux. Ce qui la caractérise et la distingue, c'est surtout l'apparition de l'homme à cette époque lointaine.

En effet, on a trouvé dans une couche de limon d'une grotte de la Belgique, nommée la Naulette, une mâchoire humaine forte et très épaisse. L'apophyse géni (organe du langage) y manquait comme chez le singe; on peut donc affirmer sans crainte de se tromper que cet homme ne parlait pas et n'avait que des cris pour se faire comprendre. De plus la dentition était la même que celle des anthropoïdes; les dents canines et les molaires avaient les mêmes formes, les mêmes dispositions; la dernière des trois molaires était la plus grosse, tandis que le contraire a lieu pour l'homme de nos jours. Nous pouvons conclure de nouveau que l'origine de l'homme est bien simienne et qu'ayant terminé son évolution dans ce degré de l'échelle animale, le principe intelligent subit une transformation et devient conscient. C'est alors que, suffisamment élaboré, cet être nouveau, qu'une différence réelle bien qu'insensible distingue des anthropoïdes, entre dans la période humaine.

Une autre mâchoire trouvée à Moulin-Quignon se rapproche par ses caractères de celle de la Naulette.

M. de Quatrefages pense que ce type primitif, bien qu'il ait subi quelques modifications, se serait conservé dans la race humaine comme organisme transitoire pour recevoir les êtres sortant de l'animalité. De nos jours ils servent de passage de transition aux Bochimans, aux Fuégiens, aux Négritos, etc., qui, sans ressembler tout à fait aux hommes du quaternaire, ne sont pas plus avancés moralement ni intellectuellement.

D'après la théorie de l'évolution, les types dérivent les uns des autres, et nous croyons que les vies successives des êtres apportent un changement progressif et continu dans la conformation de leur organisme.

Le crâne d'Engis a été découvert par le professeur Schmerling dans une caverne à ours des environs de Liège. Les vestiges d'industrie et les débris d'ossements fossiles trouvés dans le même gisement font présumer que ce crâne remonte à la période glaciaire, dont la durée considérable (cent mille ans environ) implique des changements dans la constitution de l'homme.

En effet, on a découvert en Suède des crânes à front bas et dolichocéphales (forme allongée), qui pourtant ne conservaient aucun caractère bestial. Ces restes humains étaient enfouis avec d'autres ossements sous des bancs de coquillages non remaniés. Nous sommes témoins de la présence de l'homme sur différents points du globe à la fois; dès cette époque son industrie lui suffisait déjà pour ses besoins restreints.

Les crânes préhistoriques trouvés à Solutré, près de Mâcon, paraissent avoir appartenu à des races différentes contemporaines du Renne. Certains d'entre eux présentent une courbe, assez faible et bien qu'un peu étroit, le front n'en est pas entièrement fuyant, ce qui constitue un véritable progrès évolutif.

L'observation constate ici les transitions successives correspondant à diverses époques. Toutefois, malgré les modifications sensibles qu'on y remarque, M. Broca reconnaît que les crânes conservent la forme allongée pendant toute la durée du quaternaire et ne deviennent arrondis que vers la fin des temps préhistoriques. (Il y a près de quinze mille ans.) Dans les gisements les plus anciens, les Crânes en général sont dolichocéphales et continuent de nous apparaître sous cette forme dans la station paléolithique (âge de la pierre).

Les savants ont cru pouvoir s'autoriser du fait pour conclure que dans ces temps primitifs les deux types allongés et arrondis ne coexistaient point. Jusqu'à l'acquisition de lumières nouvelles, cette opinion paraîtrait justifiée que la dolichocéphalie (1) caractérise l'infériorité animale et la brachicéphalie une première phase de civilisation.

Il n'est pas sans intérêt de faire observer ici que les dolichocéphales présentent entre eux des degrés divers. Ainsi les crânes du **Cro-Magnon** (Dordogne), quoique appartenant à cette catégorie, ne présentent plus le type simien, mais bien celui de l'homme un peu civilisé. Ces crânes paraissent appartenir à la quatrième époque dite de la Mâdelaine, qui marquerait la fin de cette phase de l'être. Les crânes de Bruniquel peuvent se rapporter à la fin de cette même époque et marquent un progrès considérable sur les précédents ; ils sont d'un bel ovale et de contours assez réguliers.

Les crânes de Grenelle, trouvés dans les niveaux moyens de la Seine, décèlent des faces courtes

---

(1) Qui date de la première apparition de l'homme sur la terre.

3.

élargies. On y rencontre cependant un léger prognathisme (avancement de la mâchoire supérieure)
qui viendrait à l'appui de l'opinion de **M.** Broca,
admettant l'existence simultanée de la dolichocéphalie et du prognathisme pendant toute la durée
des temps géologiques. **M.** de Mortillet n'admet
pas comme préhistoriques les crânes de Grenelle,
parce qu'ils n'ont pas les caractères essentiels de
cette longue période. Après l'époque de la Made-
laine, les crânes humains nous présentent, selon les
âges et les lieux, de nombreuses variations sur lesquelles nous pouvons appuyer le système de l'évolution de l'esprit.

CHAPITRE VII.

Le transformisme n'est pas chose nouvelle, Platon le préconisait déjà, et bien que cette dénomination fut inconnue de son temps, ses enseignements et ses discours en étaient empreints. Il expliquait à sa manière la métempsycose de Pythagore et l'interprétait dans le vrai sens de la réincarnation. Ce philosophe admettait le changement des formes dans la série animale, ainsi que le progrès indéfini de la créature dont l'âme devait s'élever jusqu'à Dieu. Il n'admettait pas une création dans le sens où on l'entend de nos jours, mais il supposait judicieusement que Dieu avait formé le monde d'une matière préexistante de toute éternité. Qu'en la retirant du chaos il avait donné à la matière des formes nouvelles, susceptibles de combinaisons constamment progressives jusqu'à leur entier développement.

Il admettait aussi trois catégories d'Esprits: les intelligences supérieures, habitant les régions éthérées de l'espace, les Esprits intermédiaires et les Esprits inférieurs. Les intelligences intermédiaires étaient appelées démons, de δαῖμων, esprit, génie, mot dont la signification a dévié depuis, puisqu'on l'applique aux êtres inférieurs.

D'après Platon, la seconde classe d'intelligences était employée par Dieu à transmettre ses ordres aux hommes et chargés en retour de porter à l'Être suprême leurs vœux et leurs hommages. Chacun d'eux agissait dans le cercle de ses attributions, ce qui, pour nous spirites, est parfaitement admissible. Les Esprits inférieurs demeurent dans les eaux avec la qualité de demi-dieux. Platon peuple d'Esprits tous les éléments et toutes les parties de l'univers, et les croit visibles ou invisibles à leur gré.

Il professait que l'âme, composée de deux substances, l'une spirituelle, l'autre semi-matérielle, était préexistante au corps; issue du ciel pour animer successivement différentes formes, elle y retournait après s'être purifiée, quand toutes les évolutions étaient terminées, ce qui nécessitait une longue suite de réincarnations.

Persuadé que les âmes gardaient l'impression de ce qu'elles avaient éprouvé dans leurs différentes existences, il pensait que les connaissances possédées par chacune d'elles étaient moins d'acquisitions nouvelles que des réminiscences de leurs états passés ; et c'est sur cette opinion qu'il fondait son dogme de la préexistance de l'âme, laquelle n'est autre que *le transformisme psychologique.*

Tandis qu'à l'heure qu'il est les adeptes de cette doctrine sont taxés de folie, les contemporains du philosophe la trouvèrent si pure, si élevée, qu'ils donnèrent au Maître le nom de divin.

Avec son esprit éminemment synthétique, Platon se construisit un système de trois remarquables philosophies de l'antiquité. Il adopta l'opinion d'Héraclite dans le domaine physique; il suivi Pythagore dans sa métempsychose et dans tout ce qui ne touche qu'à l'intelligence. Quant à la morale, il exalta toujours Socrate et s'appropria pleinement sa doctrine.

Platon disait-il vrai en affirmant que l'âme venait du ciel, et comment le comprenait-il lui-même? Si, comme il le prétend, la matière fut de toute éternité, l'Esprit dût l'être à titre égal et n'être pas tiré du néant. Cet élément existait donc sous une forme quelconque?

Il est bien entendu que, dans l'ordre des idées, la liberté d'opinion doit être absolue; toute hypothèse a le droit de se produire jusqu'à réfutation scientifique. A ce titre nous émettons ce qui suit :

Lorsque la masse ignée qui devait former la terre se détacha du soleil en roulant dans l'espace à la distance qui l'en sépare aujourd'hui, quand la fraction du globe qui devait former notre satellite, la lune, se fut détachée de la terre en s'en éloignant par la force centrifuge à quatre-vingt-quinze mille lieues, il est permis de se demander si une masse considérable d'éléments spirituels se répandirent sur toute la surface de notre planète et s'identifièrent à ce noyau incandescent pour présider providentiellement aux évolutions qui devaient le rendre habitable ; — ou si ces deux noyaux primitifs contenaient le germe de tous les éléments spirituels sous l'influence desquels ils devaient s'élaborer et qui, d'abord rudimentaires, s'élevèrent peu à peu dans l'exercice de leurs forces évolutives jusqu'à former la croûte terrestre, à la couvrir de végétations progressives, puis d'animaux qui, d'un état très inférieur dans l'origine, passèrent à des organisme plus complets jusqu'au parfait couronnement de l'œuvre : l'homme intelligent et conscient. Dans les deux cas, il est bien entendu que les principes (spirituel et matériel), mis de la sorte en présence, se modifièrent non seulement l'un par l'autre, mais encore sous la puissante influence de leurs milieux spéciaux.

Ce fut dans la masse liquide que durent apparaître les êtres primordiaux, les protistes, qui, d'après Hœckel, seraient le règne intermédiaire entre les plantes et les animaux.

Le microscope, découvert par Lœuwenhœck, nous a révélé les grandes lignes divisant les êtres vivants et prouvé que les infiniment petits ont joué de tout temps un rôle prépondérant dans l'édification des couches géologiques de notre planète. Mais que sont devenues ces forces rudimentaires qui durent animer les infusoires, les rotifères, tous ces animalcules primitifs qui constituèrent la charpente terrestre? Leur évolution terminée, elle s'unirent sans doute, se confondirent entre elles sous l'influence de milieux divers et formèrent des organismes nouveaux.

La lutte pour la vie n'a donc pas eu lieu seulement sur la terre, mais encore dans l'eau, dans l'air par ces êtres élémentaires dont le microscope nous révèle l'existence. Les protistes formèrent dès lors un règne organique intermédiaire entre les plantes et les animaux et relièrent entre eux ces deux règnes en leur servant de transition.

Nous pensons en conséquence pouvoir soutenir que le principe intelligent est divisé à l'infini dans les plantes ; que cette division se continue dans les infusoires et les autres animalcules, et qu'à chaque évolution l'âme s'agrège par la loi d'affinité, les produits empruntés au monde ambiant. Ainsi la transformation des espèces serait l'agrégation et la désagrégation alternative, constante et progressive des particules du principe intelligent et des atomes matériels. Ce serait un animal se succédant à lui-même avec quelque chose de plus.

Pour expliquer l'apparition des premiers êtres vivants, la génération spontanée nous semble nécessaire. Les expériences de M. Pasteur pour combattre cette hypothèse nous paraissent laisser intact le principe sur lequel elle repose. Il a été démontré que dans les conditions indiquées par l'illustre savant, il ne surgit pas d'êtres organisés. Mais rien ne prouve qu'il ait épuisé la série des expériences à faire sur ce point, et qu'il n'existe aucune conjoncture biologique où se puisse produire la génération spontanée. Plus d'un secret de la nature nous échappe encore, et dans ce domaine comme en mille autres nous devons nous attendre à bien des surprises.

CHAPITRE VIII.

Si le transformisme n'est pas accepté par toutes les écoles philosophiques du siècle, c'est que Cuvier, créationiste et non transformiste, a laissé de nombreux adhérents. Ce naturaliste célèbre s'est élevé contre l'homme fossile, parce qu'il était partisan de la Bible ; et si sa théorie surannée se maintient encore, c'est grâce au dévouement de ses élèves. Cependant les idées nouvelles de Lamarck, Darwin et Hœckel sont comprises par la jeunesse des écoles, qui reconnaît la logique de l'évolution et les démonstrations sur lesquelles elle se base. C'est cependant à Lamarck, qui l'un des premiers conçut le système transformiste, et l'appuya de données irréfutables, que revient le mérite de cette doctrine, dont Darwin parvient, après un demi-siècle d'études, à rendre la réalité saisissante. Ce savant démontre, par l'embryogénie, que toutes les espèces descendent d'autres espèces antérieures au moyen de transitions graduelles insensibles et que les formes transitoires servant de passage sont parfaitement définies. Hœckel, tout en suivant la voie de ses prédécesseurs, prête à l'évolution un caractère nouveau. Il voit l'âme émergeant de la matière dès l'origine, subsistant dans chaque être, même le plus petit ; mais nous constatons à regret qu'il fait disparaître toute trace spirituelle quand l'évolution physique est terminée. A ses yeux l'âme ne serait qu'une propriété de la matière, et la désagrégation de cette dernière détruirait le principe individuel. Les spiritualistes n'admettent pas une telle conclusion ; ils sont persuadés que l'univers s'achemine vers un but providentiel et que l'homme, faisant partie de cet univers, en poursuit un également. Selon nous, toute création émanant de la nature ne peut posséder que des qualités inhérentes à cette même nature. Si elle est éternelle, une évolution transitoire sans but déterminé serait un acte absurde, puisqu'il ne procéderait pas logiquement de la puissance créatrice. Donc la force inhérente à la matière ne saurait disparaître, pas plus que la forme qu'elle anime et qui se trouve comme elle soumise à l'évolution. La forme ne disparaît point : — elle se métamorphose dans une économie supérieure synthétisée par l'évolution progressiste. Le type intégral en demeure, c'est ainsi que la patte de l'animal arrive à la main humaine ; fait qu'on peut observer dans le domaine physique tout entier.

Par suite de ce principe, toute création n'est qu'une évolution et elle sera double puisque la force invisible engendre les formes extérieures. Darwin garde le silence sur ce point délicat, mais ceux qui le croient matérialiste se trompent assurément. D'ailleurs, il connaissait le savant M. Crookes, de l'académie royale de Londres, et tout porte à croire que ces deux amis s'entretenaient souvent du spiritualisme moderne, qui déjà prenait à cette époque un si grand développement.

Dans la théorie de nos trois naturalistes, nous ne distinguons pas l'évolution psychique, qui, pour n'y être point apparente, n'en existe pas moins, et en vertu de laquelle un animal n'est supérieur à un autre qu'en raison de sa valeur spirituelle. Cette même quantité — force personnalisée — se dégage par la désagrégation des atomes, et va former des organismes nouveaux exactement en rapport avec les besoins créés par sa dernière évolution progressive. Aussi les êtres évolués après avoir passé, en se groupant et se complétant de plus en plus, à travers les séries du règne animal, s'agrègent de nouveaux éléments pour former un être supérieur ayant cette fois conscience de son *moi* et, par là-même, parvenant à l'humanité.

Mais d'où viennent, dès le principe, ces atomes, ces parcelles psychiques qui progressent ainsi et,

dans leur ascension, prennent des formes si diverses ?
L'âme humaine n'en serait donc pas l'expression
dernière, puisqu'elle est encore en voie de perfectionnement? Elle progresse, en effet, depuis la première manifestation de la vie, passant alternative-
ment, comme nous l'avons déjà vu, par les plantes,
les animalcules, les animaux et l'homme : l'homme,
avons-nous dit, dont les aspirations illimitées
constatent l'existence d'une économie supérieure
où elles trouveront leur réalisation, puisque la
nature ne crée aucun besoin qui ne réponde à une
satisfaction existante.

Nous avons déjà dit que les monères ont pu
apparaître au commencement de la vie par génération spontanée et qu'elles étaient les ancêtres les
plus anciens de tous les autres organismes. On les
divise en plusieurs ordres : les Amibes, les Cy-
todes et les Bactéries. Leur corps est constitué par
un simple grumeau, de protoplasma dépourvu du
noyau qui caractérise la cellule.

Nous croyons que la force psychique est ren-
fermée dans le noyau de la cellule, mais comme
dans les divers ordres de monères on ne trouve
pas de noyau cellulaire, il est à supposer que l'élément psychique git dans le protoplasma même de
ces divers ordres de monères. Quant au mouvement, il s'effectue au moyen de pseudopodes lobés.

radicellés, vibratiles, et le mode de nutrition est différent pour chacune d'elles.

Il existe une quantité prodigieuse d'êtres microscopiques aux formes variées qu'on peut assimiler à la fois au règne végétal et au règne animal. Après leur évolution, le microscope nous montre ces formes demeurées au fond des mers sous l'aspect de carapaces siliceuses et calcaires. L'histoire de l'évolution des Protistes se continue dans les autres règnes et l'âme faisant pour ainsi dire boule de neige, tend à se compléter dans chacune de ses évolutions.

Nous voici donc en présence de l'âme humaine constituée par ses propres efforts et le concours des lois universelles à l'aide d'existences sans nombre qui forment son histoire. Nous avons émis deux hypothèses pour expliquer la voie qu'elle a dû suivre.

La première admettant la force psychique à l'état virtuel disséminé dans chaque atome de la matière au moment où le soleil projette un nouveau monde au sein de l'infini.

La seconde, représentant l'élément spirituel issu d'une sphère supérieure, se répandant sur notre planète à une certaine phase de son refroidissement.

Certes, ces deux opinions sur l'origine de l'âme

laissent place à bon nombre d'autres qui, tout aussi bien qu'elles, ont le droit de se produire. En l'état actuel de la science, quiconque aurait la prétention de prononcer le dernier mot sur un sujet si profondément obscur, ressemblerait à ces enfants dont parle Plutarque, qui essayaient de sauter au-delà de leur ombre. Mais des deux hypothèses émises laquelle préférer ?... C'est affaire au lecteur qui a bien voulu nous suivre jusqu'ici. Peut-être en surgira-t-il quelqu'autre plus concluante dans un avenir plus ou moins prochain. C'est ce que nous souhaitons pour lui comme pour nous-mêmes.

Quoiqu'il en soit, étant donnée la loi d'évolution progressive constatée dans l'Univers, loi qui se traduit par des transformations graduées dans tous les domaines de la nature ; étant constatée la solidarité des mondes sidéraux entre eux, et par conséquent celle de leurs humanités, rien, dans le domaine même de la science, ne saurait nous autoriser à limiter à la tombe ce travail ascensionnel de tout *ce qui est ;* l'étude nous porte à croire, au contraire, que ce mouvement indéfiniment perfectible se continue au-delà de nos horizons terrestres, dans ces sphères qui pour être lointaines n'en sont pas moins accessibles aux aspirations humaines et semblent leur promettre la possession de cet idéal dont notre âme porte le sceau, et qui pour le penseur devient le gage authentique de notre immortalité.

Capitaine BOURGÈS,

Membre de la *Société d'anthropologie,* président de la *Société parisienne des Études spirites.*

Tours, typographie et lithographie JULIOT.